LE PROCÈS

D E S

31 MAI, 1ᵉʳ ET 2 JUIN,

O U

LA DÉFENSE

DES 71 REPRÉSENTANS

DU PEUPLE.

Par MICHEL-EDME PETIT, Député du Département de l'Aisne, et Membre du Comité d'Instruction publique.

Il n'y a que les factieux ou les despotes qui gouvernent par le mensonge......... (ADRESSE AUX FRANÇAIS, par M. E. PETIT, le 30 juin 1793, vieux style.)

De l'Imp. de J. B. COLAS, Place de la Liberté, N° 187.

SE TROUVE

Chez {
La citoyenne JUSTINE MATHEY, Galeries de bois, au Palais Égalité.

LE BOUCHER, près le Comité de Sureté générale de la Convention.

MARET, Cour des Fontaines, Palais Égalité.

LE PROCÈS

DES 31 MAI, 1ᵉʳ ET 2 JUIN,

OU

LA DÉFENSE

DES 71 REPRÉSENTANS

DU PEUPLE. (1)

―――――――――

Oᴜɪ, Citoyens, je les défendrai les 71 Représentans du Peuple que la faction Robespierre a
traînés de cachots en cachots depuis 15 mois, et
qui sont encore bannis de la Convention nationale :
oui, je prends leur défense ; car l'innocence
opprimée et le Peuple dont on a violé les droits
et la majesté, me crient dans ma conscience :
Représentant du Peuple, fais ton devoir. Je sais

A

à combien de fureurs je m'expose ; combien d'intérêts privés je vais heurter ; combien de masques séduisans je vais briser sur les figures hideuses qu'ils cachent : je sais que j'attaque des fourberies qui par leur propagation générale et par l'habitude de les croire, semblent avoir pris la consistance de l'éternelle vérité, des mesures tyranniques et dictatoriales prises par la scélératesse qui voulait égorger la République, et sanctionnées en quelque sorte par le silence d'un Peuple qu'on avait condamné à souffrir et à se taire : je sais que j'attaque des hommes considérables, parce que l'imposture, la cruauté, l'ignorance furent long-tems à l'ordre du jour : je sais que je vais flétrir des réputations de génie, de vertus, de divinité même, fabriquées par le crime et par la peur : je sais enfin que j'ai à désabuser la probité trompée, et c'est cette nécessité qui mettra dans mes expressions quelque douceur quand il y en aura.

Citoyens, depuis le 9 thermidor il est permis de demander quels crimes ont commis ceux à qui l'on inflige des peines. Depuis ce jour les accusations ne peuvent plus être vagues, indéterminées ; elles doivent cesser d'être des proscriptions ; elles désignent spécialement un délit, un individu et des preuves ; et cette jurisprudence dictée par la justice et par l'humanité, en même tems qu'elle doit nous guider dans l'affaire présente, jette un jour terrible sur ces romans où l'on ne sait laquelle des deux, de la scélératesse ou de l'extravagance, combinait des intrigues, imaginait des personnages, distribuait des rôles pour amener un dénoûment effroyable et faire sourire *Robespierre* ; sur ces romans intitulés *Actes d'accusation* et dont la discussion, que réclamait la République entière, nous fut à nous-mêmes interdite sous peine de mort.

Quel crime ont donc commis les 71 Représentans du Peuple que je défends ? Cette question est encore aujourd'hui toute entière, et cependant on les a arrachés de la Convention nationale ! on on les a arrachés aux départemens dont ils sont les envoyés ! on les a arrachés à leurs femmes, à leurs enfans, à leurs amis ! on les a long-tems privés de toute communication avec les hommes ! on leur a ravi tous les genres de consolations et de secours, les laissant dans la douleur et dans l'ignominie, attendre leur tour d'être égorgés !

Avant d'entrer dans la discussion de cette affaire, où toute la République est intéressée, je dois peut-être le dire, je ne connais directement de tous les exilés que le seul *Faure*, ce respectable vieillard dont l'éloquence mâle fut préférée par vous lorsqu'il s'agissait de retenir sous les drapeaux de la République les soldats de la liberté, en leur parlant comme leur cœur : je l'ai vu deux fois chez moi, à l'occasion d'une affaire dans laquelle lui, *Guitton*, *Berlier* et moi, nous fûmes nommés arbitres. Une seule fois, et par hasard, j'ai mangé avec *Lebreton*, dont l'expansive amabilité me rendit aimable ce jour-là. Une seule fois, j'ai parlé à *Dussaulx*, quoique tant de fois j'aye admiré dans ses ouvrages la vigueur, l'indépendance de *Juvénal* et son horreur pour l'esclavage et le crime. Je ne connais *Daunou* que par une modestie portée trop loin ; *Mercier*, que par des productions où il était impossible de mériter plus complettement, sous l'ancien régime, l'animadversion de l'ancien régime : enfin, je ne connais *Saladin* que par la fraternité de nos courages. (2)

Sans doute j'ai perdu à ne pas communiquer avec eux, avec ceux d'entre vous pour lesquels je me sens le plus d'inclination. Mais je suis ainsi fait, qu'il faut avoir beaucoup de bonté de reste pour me supporter en société, et que sachant très-bien cela, je m'expose le moins que je peux aux reproches ou à l'indulgence.

Le 3 octobre 1793 (vieux style), on a accusé les exilés d'avoir fait une protestation contre vos décrets, et l'on a lu rapidement à cette tribune une piece arrachée sans pudeur à l'obscurité à laquelle ses auteurs l'avaient condamnée ; une pièce qui, depuis cet instant, et pendant un an, a été soustraite aux regards du Peuple ; une piece dont la lecture propagée par l'impression, aurait éclairé le Peuple sur les machinations de *Robespierre* et de ses complices ; une piece enfin, qui devait servir de base au rapport ordonné inutilement sur les exilés, et qui sans ordres ultérieurs de la Convention, a été envoyée au tribunal de Robes-pierre ! Je laisse aux hommes impartiaux à juger des intentions et du pouvoir monstrueux des accu-sateurs des exilés.

Le 9 thermidor vous a permis d'être justes, et cette piece est enfin publique ! Que contient-elle ? Un abrégé des moyens employés avec tant de succès, par *Robespierre* et ses complices, depuis la fondation de la République jusqu'au 2 juin inclusivement, pour avilir et dominer la Convention nationale , et la mettre dans l'impuissance de punir leurs crimes. Que contient-elle encore ? Une déclaration portant que *depuis l'instant où l'intégralité de la Représentation nationale a été rompue , par un acte de violence dont l'histoire n'avait pas offert d'exemple, les exilés n'ont pu ni dû prendre part aux délibérations de l'Assemblée , et que dans de telles circonstances, les exilés , réduits à l'impossibilité d'opposer par leurs efforts individuels , le moindre obstacle aux succès des conspirateurs , ils ne peuvent que dénoncer à la République les scènes odieuses dont ils ont été les témoins et les victimes.*

Aller chercher un mot ici, un mot là dans un ouvrage , isoler les pensées , démembrer les raisonnemens pour trouver un auteur coupable , ce sont des moyens usés et rebattus dont il semble que personne n'oserait faire usage dans un siécle éclairé. Eh bien ! c'est pourtant à ces piéges grossiers qu'on a voulu prendre toute la France, et qu'une partie de la France a été prise.

L'on a séparé la déclaration des exilés d'avec les faits qui y donnaient lieu , et l'intitulant *Protestation contre les décrets de la Convention nationale ,* on l'a présentée à la crédulité du Peuple.

Cependant qu'est-ce qu'une protestation de l'espece dont il s'agit ici ? C'est une résolution manifestée publiquement de s'opposer , par soi et par les autres , à l'exécution d'une loi qui déplaît ; d'où il suit que le caractère essentiel de la protestation , c'est là publicité. Ces vérités, qui ne peuvent être

A 3

combattues qu'avec la logique des inquisiteurs de Goa , démontrent à tout homme sensé que l'écrit en question n'ayant reçu de la part de ses auteurs aucune publicité , ayant été condamné par eux à l'oubli , à la nullité , est par cela seul informe, incomplet et nul ; car la publicité seule pouvait être le complément de cet écrit ; la publicité seule pouvait garantir qu'il contenait les résolutions formelles , constantes et définitives de ses auteurs.

Je soutiens que cet écrit, qui n'a été connu de personne , qui est resté entre les mains de ses auteurs , parce qu'ils l'ont ainsi voulu ; cet écrit qui n'a produit ni pu produire aucun effet sur l'opinion publique , est en derniere analyse, un brouillon , un projet, un papier inutile qui, selon les lois de la propriété la plus sacrée, celle de la pensée , appartient tout entier à ses auteurs. Je soutiens qu'il n'y a que la malveillance forcénée ou le plus aveugle fanatisme qui puisse chercher et trouver , dans un pareil écrit , le crime d'une protestation. Qu'ils viennent donc aussi , ces esprits faux et noirs, qui voient le crime partout ; qu'ils viennent dans les cabinets de chacun de nous saisir tous les chiffons de papier barbouillés de nos phrases, de nos périodes commencées, de nos pensées, tantôt sublimes , tantôt extravagantes , tantôt utiles, tantôt nuisibles et dangereuses ; qu'ils saisissent , dis-je , ces chiffons sur lesquels, dans la licence de la solitude , nous avons tracé les mouvemens de notre esprit , qu'ils les saisissent et s'arrogent le droit infâme d'en tirer euxmêmes ce qu'ils croiront le plus propre à nous

incriminer aux yeux du Peuple, et je vous l'atteste, il n'en est pas un de nous qui, pour prix
de ses travaux et de ses veilles, ne doive périr
sur l'échafaud. Oui, il n'y a que le despotisme
le plus lâche et le plus infernal qui puisse saisir
dans l'esprit d'un homme sa pensée pour lui en
faire un crime; et je le soutiens, tant qu'une pensée,
une résolution dont la nature est d'être publique,
n'a pas été rendue publique par celui qui l'a conçue,
fût-elle gravée chez lui sur une table d'airain, elle
est encore dans son esprit. Eh! dis-moi, bourreau
du génie, qui oses violer son asile pour disposer
à ton gré des élémens de ses travaux, est-ce à
ton ignorance barbare de marquer l'instant où ses
productions doivent sortir de ses mains ? Non.
Oserais-tu bien lui dire : Ton chef-d'œuvre est
achevé ? Non. Sais-tu ce qu'il veut ajouter ou
retrancher encore à ses créations avant de les
offrir aux regards des hommes? Non. Eh bien !
si ta méprisable dictature doit être bannie de la
société pour l'avantage des sciences et des arts,
à combien plus forte raison doit-elle être proscrite
pour l'avantage de la liberté civile !

Point de publicité, point de protestation ; je le
répete, et il n'y a pas à sortir de là. Les exilés
ne sont donc point coupables d'une protestation.

Il y a plus, les exilés n'ont donné à leur prétendue protestation aucunes suites d'aucune espece ;
au contraire, ils ont tous constamment, et depuis
ce jour 2 juin, assisté aux séances et pris part
aux délibérations de l'Assemblée. Vous le savez,
Citoyens, ils étaient dans cette salle le jour même

où leur arrestation fut ordonnée sans discussion préalable, et dans un silence qui ressemblait au calme des tombeaux ; ce jour où la faction qui avait jeté la terreur ici et fait fermer les portes, vint les treiller, les compter, les enlever du milieu de vous, de même que le propriétaire d'un troupeau choisit, compte et sépare des autres, les moutons qu'il envoie au boucher : ils étaient ici ce jour où *Robespierre*, consommant un de ses plus grands forfaits contre la justice, osa parler de justice, comme l'infâme *Couthon* avait vanté à la Convention nationale, le 2 juin, l'heureuse liberté de la Convention nationale ! Ils étaient ici, aucunes plaintes, aucuns murmures ne sont sortis de leur bouche. Ils passerent un à un dans cette barre, où l'appel nominal les entassait assez lentement ; et de là, injuriés, raillés, maudits par les valets de la faction, ils partirent pour leurs cachots avec une résignation dont il y a peu d'exemples..... O Ciel ! et ce sont des hommes ainsi maîtres de leurs passions, ce sont des hommes capables d'une telle modération, qu'on veut nous donner pour des esprits altiers, remuans, inquiets, pour des dominateurs qui osent s'élever contre la volonté nationale !

Mais leurs accusateurs savent bien qu'ils ne sont point coupables d'une protestation qui n'existe pas, qui n'a eu aucune suite, dont le fait même est détruit par la présence de ses auteurs à toutes nos délibérations ; et ils les ont accusés et punis d'un crime imaginaire, ne pouvant les punir d'un mérite que les factieux ne pardonnent pas , celui de voir clair dans les machinations des factieux.

Oui , Citoyens , le crime des exilés , c'est de s'être réunis pour rédiger l'historique des crimes de la faction Robespierre et notamment celui des faits des 31 mai , 1er et 2 juin ; c'est d'avoir été saisis d'horreur à la vue des événemens des 31 mai, 1er et 2 juin ; c'est d'avoir inspiré à la faction Robespierre la crainte d'être dévoilée.

Hommes estimables, malgré vos erreurs passées, qui avez servi la faction de *Robespierre* en croyant servir la Patrie, ne rougissez pas d'avoir été trompés ; consentez à m'entendre sans préjugés , sans humeur ; veuillez qu'à la lumiere des principes conservateurs de toute société humaine , nous puissions apprécier ensemble les 31 mai, 1er et 2 juin, et vous cesserez de blâmer dans les exilés l'horreur que ces journées leur ont inspirée.

Je sais bien que les dupeurs-dupes me diront, ne fût-ce que pour l'intérêt de leur orgueil : *En révolution il ne faut jamais regarder en arriere.* Mais je demanderai, moi, aux hommes de bonne foi, ce que signifie ce proverbe, bien digne au reste de l'esprit de vertige qui bouleverse tant de têtes? Cela veut-il dire, qu'en révolution, l'avenir est tout, le présent pas grand'-chose et le passé rien? Qu'on me montre donc la force humaine qui pourrait, même en révolution, séparer les uns des autres, le passé, le présent et l'avenir ? Qu'on me dise où est la sagesse, qui ne sait ni d'où elle vient, ni où elle est, ni où elle va ? Et pour me servir de l'expression favorite de l'extravagance, si en révolution , vous *révolutionnez* la sagesse, que deviendra la révolution? Cela veut-il dire qu'il faut s'abandonner aux événemens, sans en rechercher les causes ? Cela veut-il dire qu'il faut laisser aux crimes leurs anciennes occasions de tourmenter la vertu ; aux anciens mensonges le droit d'obscurcir la vérité; aux brigands le fruit de leurs déprédations, aux dominateurs d'habitude la force et l'influence qu'ils ont usurpées ; à tous les conspirateurs indigènes ou exotiques le pouvoir d'entretenir parmi nous une morale équivoque avec laquelle ils tueront à leur gré la République?

· Citoyens , il s'agit d'abord des faits du 31 Mai et non pas des hommes ou des prétextes qui leur ont donné naissance : or, ces faits sont des crimes affreux , cela est incontestable. Que ce soit *Robespierre* qui ait provoqué ces faits pour écraser *Brissot*, ou que c'eût été *Brissot* qui les eût provoqués pour écraser *Robespierre*, cela ne change rien à la nature de ces faits ; cela ne les empêche pas de présenter aux yeux de tout homme qui a des yeux pour voir, une portion considérable du Peuple agitée, tourmentée en tous sens pendant trois jours par une faction ; les lois, les droits de l'homme, la majesté du Peuple foulés aux pieds par une faction ; les Représentans de 26 millions d'hommes avilis, menacés et consignés dans le lieu de leurs séances par une faction ; la liberté, si essentielle à leurs délibérations, violée par une faction ; et ces mêmes Représentans du Peuple, au scandale du Peuple même et de tous les Peuples de l'Europe, jugés souverainement et décimés par une faction.

Oui, Citoyens, tout homme désintéressé dans l'entreprise du 31 Mai, conviendra que cette entreprise est une de celles dont le succès, loin de les justifier, manifeste toute l'horreur. Bien différente en cela de la glorieuse journée du 10 Août qui fut dirigée contre le trône, la journée du 31 Mai fut dirigée contre la Représentation Nationale, c'est-à-dire, contre le Peuple lui-même. Le malheur de ces tems veut qu'on le redise sans cesse; le plus grand crime qu'on puisse commettre dans un gouvernement représentatif, c'est d'attaquer la Représentation Nationale, c'est de la contraindre par la violence à s'arracher à elle-même ses membres; car alors on étouffe l'ame du corps social, on détruit le pouvoir législatif, on livre le Peuple à tous les factieux qui le déchirent pour se le partager. Je vais dire ma pensée en homme libre; je ne suis pas connu pour avoir été un fils ingrat et dénaturé; eh bien! j'aimerais, Citoyens, mieux avoir poignardé mon père que d'avoir été l'un des entrepreneurs du 31 Mai.

Criminelle dans ses combinaisons, criminelle dans ses moyens, criminelle dans son objet, cette journée ne pouvait produire que des crimes.

En effet, ôtez la Constitution, qu'il fallait bien présenter au Peuple Français, puisqu'il ne supporta l'idée des violences du 31 Mai que dans l'espoir de cette Constitution; ôtez cette Constitution, dont les principales bases étaient dans nos écrits et dans nos cœurs, et dont la rédaction fut livrée aux plus irréconciliables ennemis des lois ; cette Constitution dont les événemens du 31 mai contribuerent plus que toute autre cause, peut-être, à suspendre l'exécution en prolongeant le mouvement de la révolution, et rendant indispensable le gouvernement révolutionnaire ; ôtez, dis-je, cette Constitution, que les factieux arracherent eux-mêmes au Peuple après la lui avoir montrée, et voyez si l'on ne dirait pas que toutes les affections morales, tous les bons sentimens humains, toutes les notions du juste et de l'injuste furent dénaturés et anéantis en quelque sorte parmi nous, à compter du 31 mai. A compter de cette époque, voyez la volonté particuliere prendre par-tout la place de la volonté générale ; quelques hommes indignes de ce nom mis à la place de la République entiere ; la minorité constamment factieuse et cruelle se saisir impérieusement du gouvernail de l'État ; les vrais patriotes, les hommes dont le cœur et les mains étaient purs, traités de *modérés*, de *gens suspects*, poursuivis et chassés de par-tout ; les paresseux, les intrigans, les voleurs, s'arroger exclusivement le titre de *patriotes*, s'emparer de toutes les places et de tous les genres de domination ; un systême de prohibitions, de coactions, de délations, de calomnies, de vengeances, de terreur, de supplices et de mort substitué à cette sagesse douce et sévère qui fait aimer le gouvernement ; des millions de bastilles substituées à celle que le Peuple avait détruite le 14 juillet ; un tribunal de tigres brévetés juges par *Robespierre*, un tribunal de jurés sans conscience, un tribunal dont la jurisprudence se composait de préjugés honteux et barbares, d'inductions, de rapprochemens dignes des génies infernaux ; un tribunal où la rage délirante des buveurs de sang s'appelait raison politique. Voyez près de trente mille commissions inquisitoriales, et le comité révolutionnaire de Nantes érigé à côté de la déclaration des droits de l'homme ! Voyez une quantité prodigieuse de citoyens de tout âge, d'individus de tout sexe, des villes entières, des départemens dévastés, incendiés, suppliciés, massacrés, pour avoir osé demander justice des brigands (3) sous le sceptre desquels gémissaient la Convention Nationale et la République : voyez notre Patrie elle-même, le sein déchiré par des monstres qu'elle avait mis au jour et par des scélérats à qui elle avait donné l'hospitalité, conservant à peine la force d'applaudir aux victoires remportées par le seul génie de ses enfans ; ses soldats appelés soldats de *Robes-pierre*, et ses malheurs devenus le prétexte des plus noires trahisons ! Au milieu de cet épouvantable désordre, et tandis que la Providence qui veille sur nous, fécondait en secret par les vertus qu'on ne pourra jamais nous ravir, les germes du bonheur public, que de larmes répandues ; que de soupirs étouffés ; que d'innocens envoyés à la mort ; que de victimes condamnées à la vie de la douleur ; que de talens enfouis ; que de vertus méprisées ou punies ; que de vérités cachées dans la crainte ; que de mensonges, que de fourberies accrédités ; que de fermens de division jetés

dans le Peuple ; que de crimes encouragés et triom-
phans ; que de maux , quelle épouvantable série
de fléaux le 31 Mai n'a-t-il pas versés sur nous
jusqu'au 9 thermidor !.... Eh ! Citoyens, ces maux
ne s'étendent-ils pas jusque sur l'instant même
où je vous parle ? Ne faut-il pas du courage pour
vous dire les vérités que vous devez entendre ?
N'y a-t-il pas du courage à entendre ces vérités ?
Ne sommes-nous pas encore *malades* du 31 Mai ?

Mais si les auteurs des événemens des 31 Mai,
1er et 2 Juin n'ont pas eux-mêmes senti que la
publicité de ces événemens, appelait sur leur tête
la vengeance publique, pourquoi donc ont-ils
commis tant de crimes, pour cacher ces événemens ? Pourquoi briser, dès le 31 Mai, toute
communication entre Paris et les Départemens ?
Pourquoi intercepter les lettres et violer si impu-
demment leur secret ? Pourquoi empêcher toute
correspondance des Représentans du Peuple avec
le Peuple ? Pourquoi traiter de fédéralistes, dési-
gner à l'exécration publique, jeter dans les cachots
ou condamner à mort ceux des Français qui
avaient transmis à leur frères ces événemens dans
leur alarmante intégrité ? Pourquoi massacrer
tant de Français plutôt que de leur avouer la
vérité de ces événemens ? Et quels sont donc les
auteurs de ces événemens ? Peuple Français, il est
tems que tu le saches ; ce sont les auteurs des
massacres de Septembre 92 ? Ce sont les apôtres
du pillage : ce sont ceux qui sans cesse excitaient
le pauvre honnête et laborieux contre le riche :
ce sont les infatigables prédicateurs du désordre ,

de l'anarchie, du scandale et du meurtre : ce sont ces êtres immoraux, ces vils écriveurs journaliers, bien dignes d'occuper avec leurs sottises sanguinolentes les presses de l'aristocratie, volées par eux chez Royou (4) : ce sont les fabricans d'insurrections et de révoltes : ce sont ceux qui, le 10 Mars 93, voulurent assassiner une partie de la Convention nationale et frapper l'autre d'une terreur stupide : ce sont ceux qui arracherent par violence à la Convention les moyens de punir le crime : ce sont ceux pour lesquels la consigne tyrannique donnée le 2 juin n'existait pas (5) : ce sont les autrichiens, les allemands, les portugais, les anglais dignes émules de *Robespierre*, de *Chabot*, de *Danton*, de *Marat* ; et qui formerent à l'archevêché un Comité central de subversion : ce sont ceux enfin qui entassant forfaits sur forfaits, élevaient un trône à leur impunité qu'ils croyaient éternelle.

Eh quoi ! ces journées dont les auteurs sont les plus abominables scélérats, dont presque tous les auteurs ont péri du dernier supplice, dont les événemens retracés au vrai inspirent à tout homme à qui il est resté quelqu'attachement pour mon pays une horreur involontaire, dont les faits criminels n'ont causé que des malheurs et des crimes, ces journées qui seules arracherent les massacreurs de Septembre 92, les assassins du 10 Mars 1793 au supplice, il faut que d'un côté, sous peine de mort ou de réclusion, je les admire, je les célèbre, je les sanctifie, tandis que d'un autre côté, je serai puni de mort ou de réclusion, si j'ai osé me rappeler les faits qui les ont signalées, si j'ai osé retracer ces faits sur un chiffon de papier perdu dans la poussiere de mon cabinet ! . . . Tyrans énigmatiques, dites-moi donc nettement ce que vous exigez de moi.

La faction, forcée de convenir que les faits des 31 mai, 1er et 2 juin, considérés en eux-mêmes, sont des attentats à la souveraineté du Peuple, à l'existence même de la République, et que comme tels ils ont dû inspirer de l'horreur aux exilés, les accuse cependant d'avoir conçu de l'horreur pour ces attentats, attendu, dit la faction, que ces prétendus attentats étaient les seuls moyens d'arracher la République aux dangers qui la menaçaient, et qu'il fallait être au moins bien ineptes pour ne pas apercevoir les raisons politiques qui guiderent les illustres entrepreneurs du 31 mai. Ainsi, tout en exigeant des exilés l'art de la divination, la faction exigeait qu'ils devinassent toute autre chose que la vérité. C'est en conséquence de ce judicieux système, mis en avant pour tromper le Peuple, que les exilés furent arrachés de la Convention nationale, que tant d'autres Représentans du Peuple furent exclus de toutes fonctions et que ceux-là seuls qui étaient initiés dans les ineffables mystères, furent admis à l'honneur d'agir.

Mais quels étaient donc les dangers qui menaçaient la République ? et les forfaits des 31 mai, 1er et 2 juin, malgré leurs horribles résultats, dont il n'est plus permis de douter, seraient-ils donc en quelque sorte légitimés par des prétextes plausibles ?

Citoyens,

(17)

Citoyens, il y a de quoi gémir sur ce qu'on vous a dit à cet égard, le 4me complémentaire, au nom des trois Comités réunis.

„ La Convention, dit l'orateur, a par son décret du 2 juin, frappé et anéanti une faction puissante, pourvue de talens, mais jouissant d'une plus grande réputation, qui n'ayant pu concevoir un plan de gouvernement, s'était jetée dans les bras d'un principal ministre, s'opposait à ce qu'on donnât à la France des lois et une constitution, et allait livrer à un protecteur étranger ou à ses anciens tyrans une Nation qui ne connaissait ni ses malheurs, ni ses dangers, ni ses moyens, ni ses ressources, et qu'un ministre coupable n'entretenait que des opinions frivoles ou criminelles de quelques-uns de ses représentans. „ (6)

A n'entendre que ces paroles, Citoyens, ne croiriez-vous pas entendre *Robespierre* lui-même ? Ne sont-ce pas là les discours tant répétés par toutes les bouches de la faction des égorgeurs ? Ne sont-ce pas là les lieux communs que cette faction employa sans cesse pour tromper le Peuple sur la nature des événemens du 31 mai ? Eh quoi! c'est après le 9 thermidor qu'on vient nous tenir ce langage si étrangement complaisant pour des scélérats qui ne sont plus, ou pour des dupes qui doivent enfin cesser de l'être ! Quoi! c'est à nous, à nous-mêmes que l'on vient dire aujourd'hui que le 2 juin nous avons frappé et anéanti une faction ! Quoi! le 2 juin, ce n'est pas la Convention elle-même qui a été frappée, violentée, enchaînée ! Quoi! le 2 juin, la Convention ne fut pas tout à

B

la fois le but et l'instrument de ceux qui frappaient!.. et pour tenter de l'associer par l'amour propre aux crimes d'une poignée de brigands, on vient lui dire qu'elle-même dirigeait les beaux coups qu'elle a reçus! L'ironique fourberie peut-elle aller plus loin?

Elle a frappé une faction puissante, pourvue de talens, mais jouissant d'une plus grande réputation... N'est-ce pas bien souvent l'envie qui exige tant d'exactitude dans la mesure de la réputation, et n'est-ce pas ici cette même envie, qui fut une des ames les plus actives de la faction de *Robespierre*, et qui affecte de rendre aux autres une justice plus éclatante, afin de diminuer un peu leur gloire, si cela est possible? Mais laissons-là cette rhétorique artificieuse, qui n'en imposera point à la postérité, pour nous occuper de l'objet principal.

La Convention a frappé une faction puissante? Mais qui est-ce qui a dénoncé cette faction? la faction *Robespierre.* Qui est-ce qui a successivement appelé cette faction imaginaire, la faction des *Appelans*, celle des *Hommes d'État*, celle des *Rolandins*, celle de la *Gironde?* la faction *Robespierre.* Qui est-ce qui a mis *Brissot*, le chétif *Brissot* (7) à la tête de cette faction? la faction Robespierre. Qui est-ce qui a désigné des individus comme composant cette faction? Qui est-ce qui a formé et réformé, pendant près de 9 mois, la liste de ces individus? Qui est-ce qui, même le 2 juin et dans la Convention, retrancha de cette liste quelques individus pour y en substituer d'autres? la faction de *Robespierre.* (8) Qui est-ce qui rédigea la pétition qui demandait si insolemment à la Convention la proscription de ces individus ? Qui est-ce qui demanda que cette proscription s'étendît à la Commission nommée par la Convention, pour connaître de la conspiration du 10 mars 1793 ? Qui est-ce qui s'opposa, avec des mouvemens de rage et de désespoir, au rapport qui devait être fait par cette Commission ? Qui est-ce qui a soustrait les piéces de ce rapport à la Convention nationale, à la France entière, qui, au moyen de ces piéces, auraient connu dès-lors les véritables factieux ? la faction de *Robespierre*. Qui est-ce qui a fermé la bouche dans la Convention nationale aux prétendus factieux de la *Gironde* ? Qui est-ce qui s'est opposé à la discussion de leur acte d'accusation ? la faction de *Robespierre*. Qui est-ce qui les a jugés?... jugés !... le Tribunal de *Robespierre*. Ainsi, parce que la faction Robespierre a dit alors qu'il existait une faction de la *Gironde ;* parce qu'alors elle a égorgé des Représentans du Peuple en les traitant de factieux de la *Gironde*, il faut que nous croyions aujourd'hui qu'il existait alors une faction de la *Gironde !* Qu'en pensez-vous, Citoyens ?

Cette faction, dit le rapporteur, toujours d'après la faction de *Robespierre*, *n'avait pu concevoir un plan de gouvernement, et s'opposait à ce qu'on donnât à la France des lois et une constitution.* Cependant les procès - verbaux de la Convention attestent que ceux qu'on a désignés comme agens de cette prétendue faction, avaient présenté deux plans de Constitution ; qu'ils demandèrent que dans un tems déterminé, la Constitution fût présentée au Peuple Français ; (9) que ces plans furent soumis à la discussion, et qu'une multitude de discours pour ou contre fut imprimée. Ces mêmes procès verbaux et tous les journaux d'alors attestent que ce furent toujours les *Robespierre*, les *Danton*, les *Marat*, etc. qui par des motions incendiaires, par des exagérations turbulentes, par les secousses violentes qu'ils donnaient à l'opinion publique, par les mouvemens qu'ils excitaient dans le Peuple et dans la Convention, par la défaveur qu'ils jetaient sur ceux qui s'annonçaient comme amis des lois, par les entraves qu'ils mirent à la liberté de nos opinions, s'opposèrent à la confection des lois et de la Constitution. Aussi furent-ils sans cesse accusés de ce crime par leurs ennemis ; et dès qu'ils eurent arraché leurs ennemis à la Convention, ils firent décréter presque d'enthousiasme, une Constitution, et dirent au Peuple : Tu vois bien que c'était la *Gironde* qui ne voulait pas de Constitution, car la voici cette Constitution ; mais tu n'en jouiras pas tout à l'heure.

Cette accusation portée contre la prétendue faction de la *Gironde*, est donc de la plus audacieuse fausseté.

Cette faction voulait, dit le rapporteur, toujours d'après *Robespierre*, *livrer à un protecteur étranger ou à ses anciens maîtres, une Nation*, etc.

Quoi ! même aujourd'hui vous n'avez pas de notions plus exactes sur les plans de cette prétendue faction ! Quoi ! vous nous laissez encore dans le vague des conjectures ! Quoi ! le corps du délit est encore incertain aujourd'hui même ! Quoi ! tous les écrits que vous avez dictés ou censurés,

tous vos journaux, tous vos Stentors, tous vos
crieurs publics ont partout vociféré ces mots :
*Ils sont coupables, ils sont coupables, qu'ils meurent,
qu'ils périssent...* Ils ont péri ; et vous ne savez
pas encore aujourd'hui, bien positivement, de
quel crime ils étaient accusés ! ... O Ciel ! ... ta
justice nous paraît quelquefois tardive ; mais elle
arrive enfin ... Je me prosterne.

Livrer la France à un protecteur étranger ou à
ses anciens maîtres, c'étaient deux choses fort
différentes, et qui exigeaient des mesures différentes. Ces mesures étaient de nature à occuper
une multitude d'individus ; elles nécessitaient la
correspondance la plus étendue, la plus active.
Montrez-nous donc quelques traces, quelques
vestiges de ces mesures ; montrez-nous un écrit,
une lettre, une simple note ; faites-nous entendre
un seul témoignage digne de foi qui atteste ces
mesures ; voyons enfin sur quel fondement est
appuyée l'accusation étrange que vous portez,
voyons vos preuves. — Des preuves matérielles !
répondez-vous : Est-ce qu'il faut de telles preuves
en matière de conspiration ? est-ce que les conspirateurs laissent des traces de leurs délits ? con-
tentez-vous de preuves morales. — Soit : mais que
cela veut-il dire ? — Des preuves morales, ce sont
certaines persuasions qui naissent tout-à-coup à
la vue d'indices que le patriotisme juge à l'instant.
Est-ce que nous aurions le tems d'attendre la
conviction quand le sentiment nous entraîne ? Il
faut frapper, et tout à l'heure, les ennemis de la
République : nous ne pouvons pas nous amuser

à rassembler sous vos yeux l'appareil imposant et méthodique des preuves. (10)

Que cette logique d'assassins ait été employée jusqu'au 9 thermidor, cela se conçoit ; que le 3 octobre 1793, il ait été défendu à la Convention de discuter les conjectures, les préjugés, les rapprochemens insidieux, les assertions fausses et extravagantes, les crimes d'opinion, les faits controuvés, les intentions supposées que l'on donna pour des preuves dans cette affaire, cela se conçoit encore ; mais qu'aujourd'hui, lorsqu'il s'agit de tout faire rentrer dans l'ordre, de rétablir la justice et de réhabiliter la morale publique, on ose se servir de cette logique qui a tant envoyé de talens et de vertus à l'échafaud, c'est le comble de la scélératesse et de la démence.

Après la retraite de *Frédéric - Guillaume*, protégée par le traître tant vanté à cette tribune par *Danton* et *Lacroix*, tant fêté aux Jacobins par *Robespierre* lui-même ; après le projet avoué par *Danton* de rétablir le fils du tyran le 31 mai ; après les tentatives d'enlever le fils de *Capet* à ses gardiens ; après avoir trouvé le sceau royal sur le bureau des conspirateurs, le 9 thermidor ; après tout cela, pense-t-on qu'il y ait un seul Français assez stupide pour ne pas voir que la faction de *Robespierre* accusa constamment *la Gironde* des crimes qu'elle-même avait commis ou qu'elle se proposait de commettre ?

La Gironde allait, dit le rapporteur, *livrer à un protecteur étranger ou à ses anciens maîtres, une*

Nation qui ne connaissait ni ses malheurs , ni ses dangers , ni ses moyens , ni ses ressources , &c.

Cet aveu tardif prouve bien , je crois , que ceux qui disent que le 31 mai le Peuple s'est levé pour se faire justice , sont des fourbes déhontés ; car si au 31 mai , *le Peuple ne connaissait ni ses malheurs , ni ses dangers , ni ses ressources ,* le Peuple n'a donc pas indiqué comme la cause prochaine de ses maux , une faction *de la Gironde* dont il ne connaissait ni les agens , ni les projets ; il n'a donc pas organisé l'insurrection du 31 mai ; il n'a donc pas arraché à la Représentation nationale un sixieme de ses membres : il n'est donc pas étonnant d'avoir entendu dire au Peuple, les 31 mai, 1er et 2 juin , à tous les coins des rues , à tous les postes dans Paris : *Que cela veut-il dire ! où veut-on nous mener !* Ce fut donc la faction Robespierre qui , le 31 mai , se plaçant au-dessus du Peuple et de ses mandataires , s'arrogea le droit de balancer les plus grands intérêts du Peuple et de régler ses destinées.

Oui, ce fut cette faction qui organisa le 31 mai ; et quand vous ne l'avoueriez pas , il serait encore impossible d'en douter. Peuple Français , écoute-moi, ceci mérite toute ton attention. Les ennemis de la faction Robespierre avaient sans cesse demandé qu'elle fût punie des massacres de septembre 1792 , d'avoir prêché et organisé le pillage , d'avoir projeté pour le 10 mars 1793 , l'assassinat d'une partie de la Convention. La Convention avait nommé une Commission pour connaître de ce dernier crime ; déjà plusieurs coupables étaient arrêtés ; le reste allait bientôt l'être. Ce fut alors que *Robespierre* et ses complices donnèrent à l'imagination d'une faction *de la Gironde* , une consistance apparente aux yeux de ceux qui n'examinent rien ; et par la récrimination la plus audacieuse , ils se hâtèrent d'assassiner leurs accusateurs et leurs juges, pour éviter le supplice : Peuple, voilà le mot de l'énigme du 31 mai.

A cette époque, Citoyens, les véritables, les seuls dangers que la République eût à craindre, c'étaient donc les dangers que lui préparait la faction Robespierre , et sans doute il y avait une grande mesure à prendre pour les éviter. Cette mesure, c'était d'anéantir la faction Robespierre. Eh bien, la Convention l'a voulu , puisque, malgré toutes les résistances, elle avait nommé dans son sein une Commission à cet effet. Mais la faction Robespierre , au moyen du 31 mai , a été plus forte que la Convention, et le crime a régné sur la République jusqu'au 9 thermidor : voilà la vérité , et cette vérité fera l'éloge éternel de la Convention nationale et l'opprobre impérissable des brigands qui l'ont mutilée !

L'existence d'une faction de la Gironde, ses plans et ses projets, les prétendus malheurs dont elle menaçait la France , sont donc des fantômes insidieux, créés par la faction de *Robespierre* qui voulut cacher ses propres crimes et s'emparer de la domination, qu'elle a conservée jusqu'au 9 thermidor. On a beau nous présenter ces fantômes sous des formes oratoires et sentimentales, ils s'évanouissent devant la vérité , et les forfaits des 31 mai, 1er et 2 juin restent des forfaits.

Les exilés peuvent-ils donc être coupables d'aveuglement, parce qu'ils n'ont pas vu les dangers de la France là où ils n'étaient pas ? parce qu'ils les ont vus là où ils étaient ?

J'ai démontré qu'ils ne sont point coupables d'une protestation, et que sous aucun rapport le brouillon, filouté dans leurs papiers par la faction Robespierre, ne pouvait leur être imputé à crime.

L'horreur que leur ont inspirée les faits des 31 mai, 1er et 2 juin, atteste leur respect pour le plus imposant ouvrage du Peuple Français, je veux dire, la Convention nationale. Elle atteste leur attachement aux principes conservateurs de toute République représentative ; elle est partagée par tout ce qu'il y a de citoyens éclairés dans la République Française. Depuis plus d'un an ils ont souffert pour la cause du Peuple : l'intérêt du Peuple réclame ici leur présence ; que tardez-vous à les rappeler vous-mêmes aux fonctions auxquelles la faction Robespierre les a arrachés ? Ils sont soixante-onze ! de quel droit priverait-on plus long-tems le Peuple de la masse de leurs lumières ? Et n'eussent-ils, dans les grandes circonstances où se trouve la République, qu'un seul mot de justice et de raison à dire, n'est-il pas vrai que les seuls ennemis de la République peuvent desirer leur fermer la bouche ?

Et que font-ils hors de la Convention nationale ? Peuvent-ils seulement exercer sans chagrin, le droit de cité ? Qu'est-ce qu'un Représentant du Peuple qui ne représente pas le Peuple ? qu'est-ce qu'un député banni ?

Au reste, Citoyens, je ne demande pas leur rappel sans un rapport préalable ; car la calomnie lâche et atroce (11) qui les poursuit encore, ne manquerait pas d'abuser de cette mesure. Je demande que dans six jours pour tout délai, vos Comités soient tenus de vous faire un rapport sur les bannis. Vous ne pouvez plus long-tems garder dans cette affaire un silence contraire à vos intentions ; et vous devez à cette occasion prouver au Peuple Français que la terreur n'est plus ici. (12)

N O T E S.

(1) Ce Discours était destiné pour la tribune de la Convention nationale ; mais les Comités n'ayant pas fait de rapport ; ayant au contraire conclu au rappel pur et simple, je me suis tu. Au reste, comme les vérités que je devais dire, doivent enfin être propagées pour faire cesser tant d'incertitudes dangereuses, et qu'elles éclaireront la cause des mis hors la loi, j'imprime.

(2) Dans le mois de juin 1793 (vieux style), *Saladin* eut le courage d'imprimer, avec son nom, l'historique des faits des 31 mai, 1er et 2 juin. Dans le même mois je publiai une Adresse aux Français, dans laquelle ces faits étaient aussi retracés avec toute l'indignation qu'ils m'avaient inspirée. Cette Adresse, à laquelle j'ai mis mon nom, est imprimée chez *Maret*, au Palais-Egalité, cour des Fontaines, à la date du 30 juin 1793 : elle prouve que j'ai vu dans ce tems-là comme je vois aujourd'hui, et que je n'étais pas si fou que *Couthon* a bien voulu le dire alors dans la Convention.

(3) C'est un fait constant et reconnu aujourd'hui que les Départemens qu'on a accusés de s'être fédéralisés après le 31 mai, voulurent en effet envoyer, à la nouvelle du 31 mai, des forces vers Paris pour s'unir aux bons citoyens et les aider à délivrer la Convention nationale de l'oppression dans laquelle la faction Robespierre la retint à compter de cette époque. La presque totalité des arrêtés pris par ces Départemens demandait en substance, 1º l'unité, l'indivisibilité de la République et de la Représentation nationale; 2º l'inviolabilité des Représentans et la liberté entiere de leurs opinions ; 3º que les 30 Députés et les deux Ministres fussent rendus à leurs fonctions; 4º que le rapport préparé par *Rabaud*, au nom de la Commission des douze, sur le projet d'assassiner une partie de la Convention, le 10 mars 1793, fût fait et les pièces rendues publiques ; 5º que les décrets rendus par la Convention depuis le 31 mai fussent

revus sans préjudice de leur exécution provisoire ; 6° que le Conseil général et la Municipalité de la Commune de Paris fussent organisés d'après les lois existantes ; 7° que le décret qui ordonne à la Commune de Paris de rendre compte de son administration des deniers de la République, soit enfin exécuté ; 8° que l'armée révolutionnaire soit licenciée, et qu'il soit établi pour le service de la Convention une garde composée de Citoyens de tous les départemens ; 9° une Constitution populaire et républicaine. Demander ces choses là, c'était certainement faire acte authentique de civisme : les obtenir, c'était écraser nécessairement la faction de Robespierre : aussi cette faction commit-elle les crimes les plus abominables pour s'opposer aux mesures prises par les Départemens. Un des moyens les plus victorieux qu'elle employa à cet effet, fut de tromper le Peuple de Paris sur l'intention des Départemens, et de le tromper de manière à compromettre la tranquillité et l'existence même de la République. Ils firent accroire au Peuple de Paris que le Peuple des Départemens, irrité contre le Peuple de Paris, prenait les armes à l'instigation de ce qu'ils appellerent *fédéralistes*, pour venir massacrer le Peuple de Paris. Le Peuple de Paris n'était pas à même de vérifier toute l'atrocité de cette calomnie, et sans le bon génie de la France qui veille à la conservation de ses enfans, ils se heurtaient et s'égorgeaient au signe de carnage donné par la faction Robespierre.

La Convention nationale a été entièrement subjuguée par la faction Robespierre, à compter du 31 mai jusqu'au 9 thermidor. Ce fait constaté par des millions de preuves, sert à prouver que ceux qui s'étaient armés pour tirer la Convention de l'oppression, n'étaient pas des fédéralistes, mais de bons Citoyens.

Je porte le défi public à tous ceux qui ont tant parlé de fédéralisme, de me montrer un seul arrêté de fédéralisme proprement dit, pris par aucun Département. Fédéraliste ne signifie autre chose qu'ennemi de *Robespierre*, de *Danton*, de *Marat*, des autrichiens *Frey* et *Gufman*, du portugais *Proly*, de *Desfieux*, de *Pereyra*, &c., &c. Ce mot de fédéraliste fut inventé pour égorger plus facilement,

en trompant le Peuple sur leur compte, les vrais amis de
la République.

(4) Tout le monde sait que les presses dont se servait
Marat, ce digne compatriote de *Necker*, avaient été volées
par ses coupe-jarrets chez *Royou*, coquin à peu près de la
même espece que *Marat*, et préchant la même religion dans
une autre langue.

(5) Le 2 juin au soir *Marat* sortit et rentra plusieurs fois
accompagné *d'Hanriot*. Quand il sortit la derniere fois je
sortis avec lui, en disant à *Hanriot* qui voulait s'y opposer :
Marat ne doit point avoir de privilége.

(6) Le rapporteur des trois Comités, c'est *Robert Lindet*.
Je n'attaque ni sa probité ni son civisme : mais dès le com-
mencement de la Convention ce citoyen a été magnétisé
par *Robespierre*, au point qu'il a été frappé d'une cécité
complette en morale et en politique. Ce qui est vrai pour
tout le monde lui parait faux ; ce qui est bon lui parait
mauvais ; ce qui est cruel et barbare lui parait agréable et
juste. On peut voir dans son ouvrage intitulé : *Exposition
des motifs qui ont déterminé Robert Lindet à voter l'arrestation
des 32 membres de la Convention*, jusqu'à quel excès d'aveuglement un homme peut parvenir quand la séduction et les
préjugés se sont emparés de lui. Dans cet ouvrage, après
avoir fait au Peuple de Paris la sanglante injure de l'accuser
des massacres de septembre 1792, il dit textuellement que
*ce mouvement terrible paraissait commandé par le salut de la
Patrie, et que le résultat de ce mouvement ne fut aux yeux de
tant de citoyens que l'application impartiale des principes du
droit naturel.*
Un jour *Lindet* était à la tribune et prononçait un discours
fort bien fait et pensé avec cette finesse qui caresse moins
qu'elle ne pique ; je disais à chaque moment à demi-voix :
Cela est adroit, cela est facile, ceci est joliment méchant.
Robespierre, qui était à côté de moi, me dit : cet homme là, c'est
le *Fénélon* de la révolution ! Je l'en croirais plutôt le pere
Tournemine, répliquai-je à *Robespierre* ; car mon admiration

ne m'avait pas fait perdre une seule des contorsions de la figure de *Lindet*. (On sait comme il débite, et les connaisseurs le regardent comme le plus drôle de masque de la révolution.)

Quoi qu'il en soit, *Robert Lindet*, ainsi qu'il en convient lui-même, fut un des instigateurs du 31 mai; et lorsque plusieurs départemens qui croyaient avec raison, que la Convention nationale avait été mutilée et venait d'être mise sous le joug de *Robespierre* et consorts, entreprirent de restituer à la Convention nationale son intégralité et de la délivrer de l'oppression, *Robert Lindet* fut envoyé pour rompre cette mesure que *Robespierre*, *Danton*, *Marat* et autres appellerent une mesure *fédéraliste*. *Lindet* parvint à diviser l'armée qui se formait pour venir au secours de la Convention, en prêchant que la Convention était parfaitement libre, qu'elle avait spontanément chassé de son sein la faction de la Gironde, et que les choses allaient au mieux. Cette fraude pieuse séduisit beaucoup de citoyens au moyen desquels *Lindet* répandit la terreur dans l'ame des clairvoyans, qu'il intitulait *fédéralistes*. L'un de ces derniers, beau-frere du citoyen *Buisson*, marchand, rue des Déchargeurs, à Paris, s'était sauvé, frappé d'anathême comme ayant signé un arrêté dit *fédéraliste*. Ce citoyen, las de mener une vie errante, muni de tous les certificats qu'un homme de bien peut mériter, vint à Paris, leurré d'ailleurs par l'espoir que *Lindet* avait donné aux prétendus fédéralistes, de faire très-prochainement un rapport qui leur serait favorable. Il alla chez *Lindet* pour solliciter ce rapport, et fut arrêté en sortant de chez *Lindet* et jeté dans un cachot où il est mort, en attendant le rapport que *Lindet* ne fera jamais.

On prétend que l'arrivée des armées départementales aurait pu causer une guerre civile à Paris. Je l'aurais craint aussi, parce que l'aristocratie aurait, peut-être, profité de ce mouvement. Mais que l'on considere d'un autre côté la masse incalculable des maux que la faction Robespierre nous a faits depuis le 31 mai jusqu'au 9 thermidor, maux dont les trois quarts sont irréparables, et l'on aura peine à donner la préférence au parti pris par ceux qui n'ont pacifié les choses qu'avec les fourberies impudentes qu seules ont assuré un aussi long regne à *Robespierre* et à ses complices. Je soutiens encore aujourd'hui ce que je soutins dans le tems, la vérité des événemens des 31 mai, 1er et 2 juin, pouvait seule empêcher la guerre civile, et arrêter les progrès de la tyrannie de la faction de *Robespierre*.

Il faut avouer que *Lindet*, au sujet du *ministre coupable*, est bien leste en fait de calomnie. Ministre coupable! de quoi coupable, je vous prie, après que la recherche la plus inquisitoriale a été faite de ses papiers, après que le rapporteur nommé pour trouver ce ministre coupable, n'a pu, malgré son zèle, rien présenter à la charge de ce ministre? En parlant de ministres coupables, remarquez bien que *Lindet* ne dit rien de *Bouchotte* et de *Pache*; ceux-là sont des petits saints. Il y a des lieux communs qui servent de base à tous les discours, à toutes les opinions des partisans de la faction *Robespierre* : il est bon que tous les Citoyens connaissent ces lieux communs ; ils sont en quelque sorte le signe de la bête; les voici : *les massacres de septembre 1792 sont une application impartiale du droit naturel, ils sont l'ouvrage du Peuple de Paris. Il n'y a que des aristocrates renforcés ou des fédéralistes qui puissent parler du projet d'assassiner une partie de la Convention Nationale, projet formé aux Jacobins, Robespierre, Danton et Marat en tête, le 9 mars 1793. Les journées des 31 mai, 1er et 2 juin ont sauvé la Patrie, et il n'y a que les ennemis de la chose publique qui puissent en douter ; car, comme on sait, les plus ardens patriotes, les colonnes de la République sont les auteurs de ces journées. Roland fut un coquin :* (Cependant il a demandé pendant quinze mois à rendre ses comptes; on n'a pas voulu les entendre.) *la Gironde fut royaliste et fédéraliste*, &c. &c.

(7) Je n'ai jamais regardé *Brissot* que comme un misérable politique de café, qui serait venu à la tribune nationale balancer les intérêts de l'Europe dans des coquilles de noix.

(8) Le 2 juin *Marat* fit retrancher de la liste des proscrits, *Dussaulx*, *Boyer*, *Fonfrède*, *Duces* et *Lanthenas* : il y fit ajouter les ministres *Lebrun* et *Clavière*.

(82)

(9) Ce fut *Condorcet* qui fit cette demande.

(10) La réponse que je consigne ici, et dont plusieurs expressions principales sont tirées du rapport de *Lindet*, m'a été faite presque mot à mot par *Couthon* et *Saint-Just*. Voici le fait : le 3 juillet 1793, *Chabot* étant à la tribune appelait sainte l'insurrection du 31 mai, et disait qu'elle était l'ouvrage du Peuple. Je lui donnai un démenti formel, et j'attestai que quelques intrigans des Jacobins avaient organisé cette révolte ; et tirant de ma poche mon Adresse aux Français, en date du 30 juin 1793, je dis que j'y avais consigné les faits du 31 mai, et que si aucun de ces faits se trouvait faux, je demandais le décret d'accusation contre moi. *Couthon* prit la parole, et dit : *Tout le monde sait que Petit est un honnête homme, mais la journée du 31 mai lui a tourné la tête ; je demande l'ordre du jour.* Le lendemain *Couthon* me pria à dîner chez lui pour s'expliquer avec moi ; je m'y rendis, j'y trouvai *Saint-Just*. Ces deux hommes mirent leur imagination en grands frais pour me peindre *la faction puissante, pourvue de talens, mais jouissant d'une plus grande réputation*, &c. ils l'accusaient des crimes les plus affreux, et entre autres, d'avoir fait imprimer et répandre de faux Bulletins de la Convention : je demandai des preuves, ce fut alors qu'ils me firent la réponse que je consigne ici.

Sur ce qu'ils me répétaient toujours que c'était le Peuple qui avait organisé l'insurrection du 31 mai, je leur dis ce qui est vrai, que le Peuple n'eut d'autre part à cette insurrection que d'avoir été tourmenté pendant trois jours sans savoir pourquoi, et d'avoir fait véritablement peur à *Hanriot* en lui montrant tant de beaux fusils existans entre les mains des Citoyens, lorsqu'il avait tout fait pour leur escamoter leurs fusils. Cela n'annonçait pas, en effet, de la part des Citoyens, l'intention d'obéir aveuglément aux ordres sanguinaires qu'il aurait pu donner.

(11) On se souviendra long-tems de la bassesse et de la lâcheté avec laquelle les 71 furent accusés, le 1 brumaire, de tous les crimes de lèse-Nation qui peuvent se présenter à l'esprit.

(12) Plusieurs citoyens qui n'ont pas fait assez attention aux causes des événemens de la révolution, qui n'ont pas remarqué que *Marat* fut un des principaux auteurs du système de terreur, un des apôtres du pillage, de l'anarchie, un des principaux défenseurs de d'*Orléans*, dont il a toujours nié la conspiration, et qu'il avait introduit dans la Convention; l'un de ceux qui ont prêché avec le plus d'audace la prétendue nécessité des massacres et du triumvirat; l'un de ceux qui, en 1791, sont allés en Angleterre; (fait constant au procès de *Danton*) qu'enfin *Marat* était parmi nous un étranger qui est venu se dire l'ami du Peuple, pour faire égorger le Peuple, après lui avoir ôté, autant qu'il fut en lui, les choses nécessaires à la vie; plusieurs citoyens, dis-je, qui n'ont pas remarqué ces vérités, trouveront peut-être mauvais que je m'exprime aussi librement sur le compte de *Marat* dans le cours de cet ouvrage, et ils me diront que *Marat* fut martyr de la liberté.

Je leur répondrai que je m'exprime librement, parce que je suis un homme libre; que je ne dis rien qui ne soit rigoureusement vrai : qu'on n'est point martyr de la liberté par cela seul qu'on a reçu un coup de couteau, et qu'au reste il n'est pas étonnant de rencontrer à la fin quelqu'un qui vous assassine, quand on fait métier de propager la morale des assassins : je leur dirai, et qu'ils s'en souviennent bien, que si Robespierre eût été assassiné le 8 thermidor, il serait aussi au Panthéon, en attendant qu'on l'en chasse.

F I N.

* 9 7 8 2 0 1 3 3 7 5 1 6 0 *